BEI GRIN MACHT SICH IHR WISSEN BEZAHLT

- Wir veröffentlichen Ihre Hausarbeit,
  Bachelor- und Masterarbeit

- Ihr eigenes eBook und Buch -
  weltweit in allen wichtigen Shops

- Verdienen Sie an jedem Verkauf

**Jetzt bei www.GRIN.com hochladen
und kostenlos publizieren**

Maja Oberhollenzer

Die Natur als Spiegel der Charaktere in Adalbert Stifters „Brigitta"

GRIN Verlag

Bibliografische Information der Deutschen Nationalbibliothek:

Die Deutsche Bibliothek verzeichnet diese Publikation in der Deutschen National-bibliografie; detaillierte bibliografische Daten sind im Internet über http://dnb.d-nb.de/ abrufbar.

Impressum:

Copyright © 2004 GRIN Verlag, Open Publishing GmbH
Druck und Bindung: Books on Demand GmbH, Norderstedt Germany
ISBN: 978-3-640-98093-2

Dieses Buch bei GRIN:

http://www.grin.com/de/e-book/176655/die-natur-als-spiegel-der-charaktere-in-adalbert-stifters-brigitta

GRIN - Your knowledge has value

Der GRIN Verlag publiziert seit 1998 wissenschaftliche Arbeiten von Studenten, Hochschullehrern und anderen Akademikern als eBook und gedrucktes Buch. Die Verlagswebsite www.grin.com ist die ideale Plattform zur Veröffentlichung von Hausarbeiten, Abschlussarbeiten, wissenschaftlichen Aufsätzen, Dissertationen und Fachbüchern.

Besuchen Sie uns im Internet:

http://www.grin.com/

http://www.facebook.com/grincom

http://www.twitter.com/grin_com

Die Natur als Spiegel der Charaktere in Adalbert Stifters „Brigitta"

Maja Oberhollenzer

1.Einleitung

Adalbert Stifters Werke standen aufgrund ihrer äußerst detailreichen und ausgiebigen Landschaftsbeschreibungen oftmals im Feuer der Kritik. Dem Literaten wurde vorgeworfen den Figuren in seinen Erzählungen eine völlig unbedeutende Rolle inmitten der extensiven Naturschilderung zuzuteilen, da er sich angeblich auf den Menschen nicht verstand. Sehr bezeichnend ist in diesem Zusammenhang eine Äußerung Friedrich Hebbels, der einer seiner schärfsten Kritiker war: „Wißt ihr, warum euch die Käfer, die Butterblumen so glücken? Weil ihr die Menschen nicht kennt, weil ihr die Sterne nicht seht.[1]"

Darüber hinaus wurde er als harmloser Seelentröster rezipiert, dessen Schreibweise eine biedere Moral, die mit den Richtlinien des Biedermeiergenres konform gehe, immanent sei. So titulierte beispielsweise Thomas Bernhard Stifters Schreibweise als langweilige und „unerträgliche provinzielle Zeigefingerprosa", von „kleinbürgerlicher Sentimentalität."[2]

Doch wer solche Urteile über ihn fällt, hat nicht erkannt, dass Stifters Naturdarstellung keine selbstgenügsame Kulisse und auch nicht unabhängig von der Handlung ist, sondern dass sie ganz im Gegenteil den Menschen und das Geschehen in subtiler Form abbildet und durchdringt. Denn Stifter ist kein Landschaftsschilderer, sondern ein Darsteller der Menschen.[3] In seinen Werken sind vielschichtige Verstehensgrade verborgen[4], welche in der Naturbeschreibung zum Tragen kommen. Die Natur dient ihm als Spiegel für den Menschen und den Hergang der Dinge und erhält auf diese Weise eine metaphorische Funktion. Hinter den ausgedehnten Landschaftschilderungen verbirgt sich eine „schrecklich schöne Welt"[5], und nur wer diese erkennt, versteht auch Gehalt und Bedeutung der Novelle. Stifter spricht nicht alles aus, sondern es ist Aufgabe des Lesers dies mittels sinnerfüllter Bilder zu erraten. Dass diese Methodik in hohem Maße auch bei Stifters Novelle „Brigitta" zu entdecken ist, möchte ich im Laufe meiner Seminararbeit verdeutlichen. Dabei soll nicht nur aufgezeigt werden, wie die Charaktere und die innere Handlung zwischen Stephan und Brigitta durch die

[1] Hebbel Friedrich: Die alten Naturdichter und die neuen. In: Friedrich Hebbel. Sämtliche Werke. Historisch kritische Ausgabe Bd. VI. Hrsg. von: Richard Maria Werner. Berlin: 1902. S. 349.

[2] Vgl.: Bernhard, Thomas: Alte Meister. Frankfurt am Main: Suhrkamp Verlag 1985. S. 72 – 80.

[3] Kunisch, Hermann: Adalbert Stifter. Mensch und Wirklichkeit. Studien zu seinem klassischen Stil. Berlin: Duncher & Humblot 1950. S. 103 ff.

[4] Vgl.: Nischik, Traude-Marie: Umhegter Garten und blankes Siegel. Emblematische Bildlichkeit in Adalbert Stifters Erzählungen „Brigitta" und „Das alte Siegel". In: Aurora. Jahrbuch der Eichendorff-Gesellschaft Bd. 38. Hrsg. von Wolfgang Frühwald, Franz Heiduk und Helmut Koopmann. Würzburg: Eichendorff-Gesellschaft 1978. S. 85.

[5] Vgl.: Doppler, Alfred: Schrecklich schöne Welt? Stifters fragwürdige Analogie von Natur- und Sittengesetz. In: Adalbert Stifters schrecklich schöne Welt. Beiträge des Internationalen Kolloquiums zur Adalbert Stifter-Ausstellung. Hrg. von Petra Göllner, Roland Duhamel, Johann Laichinger und Clemens Ruthner. Linz: Adalbert-Stifter-Institut des Landes Oberösterreich 1994. S. 10.

Darstellung der Natur Bedeutung gewinnen, sondern auch, wie die gesamte Erzählung und deren verborgener Kerngedanke auf diese Weise abgebildet wird.

2. Die Natur als Charakterlandschaft

„Das Schicksal des Menschen ist in dieser Erzählung nur bedeutsam, soweit es durch die Welt, in der er lebt, seine besondere Prägung erhält." [6]

2.1 Brigitta und die Wüste

Stifter hat die ungarische Pußta nicht willkürlich als Geschehensort gewählt. Die öde und urspüngliche Steppe bildet in vielerlei Hinsicht den idealen Schauplatz für seine Novelle. Zum einen spiegelt sie die Hauptgestalten in ihrem „Frühstadium" wider, insbesondere Brigitta. Die Wüste (wobei Stifter die Begriffe Wüste, Steppe, Steinwüste und öde Haide synonym verwendet), ist das für Brigitta gewählte Sinnbild. „So ward die Wüste immer größer"[7] heißt es im Hinblick auf ihre Kindheit, in welcher sie keine familiäre Zuneigung oder Wärme empfangen hatte. Sowohl Brigittas Vereinsamung und Isolation als auch ihr Verlangen nach Liebe werden in diesem Satz ausgedrückt. Gleichzeitig wird durch die Wüstenmetapher deutlich, dass sich in Brigitta eine innere Schönheit verbirgt. Denn analog dazu heißt es in der Einleitung zu der Schilderung der Jugend Brigittas, dass die Schönheit oft nicht gesehen wird, „weil sie in der Wüste ist"[8]. So wie Brigittas innere Schönheit erst entdeckt werden muß, so tritt gleichermaßen die Schönheit der ungarischen Steppe erst durch eine Kultivierung zu Tage. „Dieses Land, sich selbst überlassen, ist genau wie die junge Brigitta: einsam, groß und ursprünglich, seine innere Schönheit nur dem offenbarend, der den Sinn dafür hat. Nach seiner Kultivierung wird es wie die reife Frau: kraftvoll, klar, frisch und reich, ohne den ursprünglichen Character der Glut, Herbe und Unscheinbarkeit im Ganzen einzubüßen"[9] Brigittas Schönheit muß folglich genauso aufgenommen, gepflegt und erhalten werden wie die Schönheit dieser ungarischen Landschaft, in „welcher der feurige Fluß des

---

[6] Wiese, Benno von: Die deutsche Novelle von Goethe bis Kafka. Interpretationen I. Düsseldorf: August Babel Verlag 1956. S. 200.
[7] Stifter, Adalbert: Brigitta. Stuttgart: Philipp Reclam jun. GmbH & Co. 1994. S. 38.
[8] Ebd.: S. 36.
[9] Steffen, Konrad: Adalbert Stifter. Deutungen. Basel: Birkhäuser Verlag 1955. S. 105.

Weines schläft"[10]. (Auf die Kultivierung der inneren und der äußeren Natur werde ich später in dieser Seminararbeit noch eingehen.)

Die Steinwüste der ungarischen Steppe wird also bewusst als Spiegel für die innere Wüste in Brigitta eingesetzt. Seelenlandschaft und Naturlandschaft entsprechen sich. Das Vokabular, welches Stifter bezüglich Brigitta verwendet, unterstreicht zusätzlich die Parallelen zur Natur: „[...] daß die kleinen *Würzlein*, als sie einst den warmen Boden der Mutterliebe suchten und nicht fanden, in den *Fels* des eigenen Herzens schlagen mußten, und da trotzten." „Als die Mädchen in das Jungfrauenalter getreten waren, stand sie wie eine fremde *Pflanze* unter ihnen."[11] Brigitta verschmilzt gewissermaßen mit der geheimnisvollen Öde und Weite der ungarischen Steppe, die sie umgibt, man könnte fast sagen, dass sie mit diesem Land identisch ist.

2.2 Die Augen Brigittas und ihre Entsprechung in der Natur

Wirft man einen Blick auf die Metaphorik des Auges in Stifters Erzählung, so verdichtet sich das Netz der Sinnparallelen zwischen Brigitta und der Landschaft. Das Auge, als Grenze zwischen Innen und Außen und vor allem als Spiegel der Seele, spielt eine gewichtige Rolle innerhalb der Novelle.

In Brigittas Augen scheint stetig ihr derzeitiger Seelenzustand wider. „Das Mädchen redete nicht"[12] wird im Hinblick auf Brigittas Kindheit angemerkt. Desto mehr und wahrnehmbarer spricht sie jedoch mit ihren Augen.[13] Ihren Vater sah sie „bloß mit ihren heißen trockenen Augen an"[14], als dieser sie körperlich strafte. Ihre Augen gleichen hier folglich dem trockenen Steinfeld der ungarischen Pußta, welches sich dem Erzähler bei seiner Reise durch Ungarn darbietet. „Das ganze hob sich wunderbar von dem Steinfelde ab, das [...] in den rötlich spinnenden Strahlen *heiß und trocken* herein sah [...]."[15] Hier wird also nochmals die Wüste in Brigitta versinnbildlicht. Wenn es dann später im Text heißt: „Hie und da auf der öden blinden Heide schlug sich ein menschlich freies Walten wie ein schönes Auge auf "[16], dann wird die Parallele noch evidenter und veranschaulicht die positive Entwicklung in Brigitta und in der Landschaft in Ergebnis der Kultivierung. Denn die schönen Augen sind ein

---

[10] Vgl.: Stifter, A.: Brigitta. S. 28.
[11] Ebd.: S. 38.
[12] Stifter, A.: Brigitta. S. 39.
[13] Vgl.: Hahn, Walther: Zu Stifters Konzept der Schönheit: „Brigitta". In: Vierteljahresschrift des Adalbert-Stifter-Instituts des Landes Oberösterreich Jahrgang 19 Folge 3/4. Hrsg. von: Adalbert-Stifter-Institut des Landes Oberösterreich. Linz 1970. S. 153.
[14] Stifter, A.: Brigitta. S. 39.
[15] Stifter, A.: Brigitta. S. 11.
[16] Ebd.: S. 51.

Charakteristikum für die Titelfigur. Die Analogie zwischen der Bewässerung des trockenen Landes und den Tränen Brigittas wird in diesem Kontext ebenfalls offensichtlich. Die rinnenden Quellen der ehemals öden Heide[17] zeigen den Prozess auf, der sich später in der geläuterten Beziehung zu Stephan Murai an Brigittas in Tränen schimmernden Augen[18] vergegenwärtigt. Darüber hinaus beschreibt Stifter im Kontext der dunklen glänzenden Augen der Rehe die Augen Brigittas als noch schwärzer und glänzender. Hier wird also die Personenspiegelung hinsichtlich der erreichten kultivierten Lebensführung nochmals hervorgehoben.[19]

Die Metapher des Auges fällt gleichermaßen in der übergreifenden Intention der Erzählung ins Gewicht.Wenn es in der Einleitung zum Kapitel Steppenvergangenheit heißt, dass die Schönheit oft nicht gesehen wird, weil sie in der Wüste ist, oder „weil das rechte Auge nicht gekommen ist"[20], so wird ein klarer Bezug zu Brigitta hergestellt. Ihre Familie besitzt nicht das „rechte Auge" um Brigittas wahre Schönheit zu erkennen. Stephan Murai jedoch erkennt in ihren schönen schwarzen Augen ihre ebenso schöne Seele. (Signifikant ist, dass Gabrieles Augen ihre Umgebung nur reflektieren[21], aber kein Fenster zur Seele, wie bei Brigitta darstellen![22]) Dadurch wird gleichsam augenscheinlich, dass hinsichtlich des Erkennens von Brigittas Schönheit, der Mangel bei den anderen liegt.

Folglich verknüpft die Symbolik des Auges Brigitta noch intensiver mit der sie umgebenden Landschaft.

2.3 Stephan Murai – zwischen Steppe und Vulkan

Die erste Begegnung zwischen dem Erzähler und Stephan Murai am Vesuv in Italien verdeutlicht, dass der Vulkan eines der naturhaften Sinnbilder des Majors darstellt. Das Bild des Vulkans im Kontrast zu dem „anmutigen tiefblauen Südhimmel"[23] spiegelt den augenblicklichen Zustand des Majors wider. Der Vulkan verbildlicht die „chaotisch-zerstörerische"[24] Seite sowie die ungebändigte Leidenschaft des Majors, gleichsam den

---

[17] Vgl.: Ebd.
[18] Vgl.: Ebd.: S. 62.
[19] Vgl.: Nischik, T. : Umhegter Garten und blankes Siegel. S. 93.
[20] Stifter, A.: Brigitta. S. 36.
[21] Vgl.: Ebd.: S. 49.
[22] Vgl.: Lehmann, Jakob: Adalbert Stifter: Brigitta. In: Deutsche Novellen von Goethe bis Walser Bd.1. Hrsg. von Jakob Lehmann. Königstein/Ts.: Scriptor Verlag GmbH 1980. S. 244/245.
[23] Stifter, A.: Brigitta. S. 6.
[24] Hahn, W.: Zum Konzept der Schönheit: „Brigitta". S. 151.

„Seelenabgrund"[25], und der blaue Himmel entspricht der sanften und friedlichen Eigenschaft Murais. Es ist unverkennbar, dass der Vulkan auf Stephans Vergangenheit wie auch auf seinen gegenwärtigen Zustand hinweist. „Denn Stephans eigene Leidenschaft für Gabriele war seinerzeit wild-zerstörerisch in den Frieden und das Glück seiner ersten Ehejahre eingebrochen."[26] Doch wie die Entwicklung des Majors fortschreitet, so verändert sich auch die landschaftliche Spiegelung dieser.

So stellt bei der zweiten Begegnung des Erzählers mit dem Major die ursprüngliche ungarische Pußta, ähnlich wie bei Brigitta, eine Parallele zu dem Wesen Stephan Murais her. Der Erzähler bemerkt in dem Kapitel „Steppenwanderung", dass aus dem Inneren des Majors „oft so etwas Urprüngliches und Anfangsmäßiges"[27] brach. Als Charakteristika für das potentiell fruchtbare Land verwendet er kongruente Wörter: „[...] soviel Anfang und Ursprünglichkeit [...]"[28]. In diesem Kontext ist es nicht verwunderlich, dass der Major dort „so zu seiner ganzen Umgebung stimmend"[29] erscheint. Dass sich der Erzähler nun „plötzlich nicht mehr denken [kann] wie ihm der Frack stehe"[30], welchen der Major im Traum des Erzählers am Vesuv trug, zeugt von der Entwicklung, welche Stephan seit seiner Italien-Reise durchgemacht hat.[31] „Jedes Teilbild der Landschaft vergegenwärtigt symbolisch auch einen jeweils neu erreichten Bezirk des Seelenraumes"[32] Durch die Arbeit in der Natur, nach dem Vorbild Brigittas, hat sich sein Wesen gewandelt. Die Rastlosigkeit, welche ihn früher zu vielen Reisen animierte, ist nun abgelöst von der Ruhe, die er auf seinem Gut Uwar gefunden hat, und die ungebändigte Leidenschaft, charakterisiert durch den Vesuv, ist nun umgewandelt in das tägliche Schaffen. Auch bei Stephan muß also diese Ursprünglichkeit synchron zu dem Walten in der Natur erst kultiviert werden. Dennoch darf nicht außer Acht gelassen werden, dass Stephan ein komplex angelegter Charakter ist und nach wie vor, wenn auch nicht mehr so ausgeprägt, den durch den Vesuv symbolisierten Charakterzug in sich trägt.

---

[25] Werner, Thomas: Stifters Landschaftskunst in Sprache und Malerei. Versuch einer wechselseitigen Interpretation in der Novelle „Brigitta". In: Der Deutschunterricht. Beiträge zu seiner wissenschaftlichen Praxis und Grundlegung Heft 8. Hrsg. von Robert Ulshöfer. Stuttgart: Ernst Klett Verlag 1956. S. 18.
[26] Hahn, W.: Zum Konzept der Schönheit: „Brigitta". S. 151.
[27] Stifter, A.: Brigitta. S. 6.
[28] Ebd.: S. 8.
[29] Ebd.: S. 18.
[30] Ebd.: S. 18.
[31] Vgl.: Mautner, Franz H.: Randbemerkungen zu „Brigitta". In: Adalbert Stifter. Studien und Interpretationen. Gedenkschrift zum 100. Todestage. Hrsg. von Lothar Stiehm. Heidelberg: Lothar Stiehm Verlag GmbH 1968. S. 94.
[32] Werner, T.: Landschaftskunst in Sprache und Malerei. S. 15.

An den beiden Hauptfiguren der Erzählung wird also deutlich, dass die Naturdarstellungen immer auf den Menschen bezogen sind, Gleichnischarakter haben und somit auch eine erzählerische Funktion aufweisen. Stifters Naturbeschreibung gleicht einer „Seelenmalerei" und die ungarische Pußta wird auf diese Weise zu einer „Charakterlandschaft".[33]

3. Cultura Agri und Cultura Animi - die Natur als therapeutisches Programm[34]

Äußerst augenscheinlich ist in „Brigitta" die Koppelung der Kultivierung der „äußeren" Natur, also der ungarischen Steppe, an die Kultivierung der „inneren" Natur des Menschen.[35] Die Analogie zwischen der ungarischen Pußta und den beiden Hauptfiguren der Novelle habe ich bereits aufgezeigt. Daraus resultiert, dass eine Umgestaltung der öden ursprünglichen Landschaft im gleichen Zuge auch eine Wandlung Stephans und Brigittas präsentiert. Es besteht folglich ein unmittelbarer Zusammenhang zwischen „cultura agri" und „cultura animi"[36] In diesem Kontext wird deutlich, dass sich Mensch und Natur in analoger Weise entfalten. Sie verhalten sich wie Spiegel zueinander.

3.1 Brigittas naturgebundene Selbstbearbeitung

„Die Schönheit Brigittas bleibt in der Wüste, bleibt unerkannt, solange der Leidenschaft keine sittliche Gestalt gegeben werden kann, solange sie nicht in Kulturarbeit überführt werden kann" [37]

Wenn Brigitta beginnt die unfruchtbare Steppe, in die sie sich zurückgezogen hat, in fruchtbares Land umzuwandeln, dann kommen nicht nur die vorher unentdeckten Schätze des Landes ans Licht, sondern auch ihr eigenes „schönes" verborgenes Wesen. „Welcher Blüte und Schönheit ist vorerst noch der Körper diese Landes fähig, und beide müssen

---

[33] Ebd.: S. 19.
[34] Begemann, Christian: Natur und Kultur. Überlegungen zu einem durchkreuzten Gegensatz im Werk Adalbert Stifters. In: Adalbert Stifters schrecklich schöne Welt. Beiträge des Internationalen Kolloquiums zur Adalbert Stifter-Ausstellung. Hrsg. von Petra Göllner, Roland Duhamel, Johann Laichinger und Clemens Ruthner. Linz: Adalbert-Stifter-Institut des Landes Oberösterreich 1994. S. 47.
[35] Vgl.: Begemann, Christian: Die Welt der Zeichen. Stifter-Lektüren. Stuttgart: Metzler 1995. S. 266.
[36] Irmscher, Hans Dietrich: Adalbert Stifter. Wirklichkeitserfahrung und gegenständliche Darstellung. München: Wilhelm Fink Verlag 1971. S. 117.
[37] Gutjahr, Ortrud: Das sanfte Gesetz als psychohistorische Erzählstrategie in Adalbert Stifters Brigitta. In: Freiburger literaturpsychologische Gespräche. Psychoanalyse und die Geschichtlichkeit von Texten Bd. 14. Hrg. von: Johannes Cremerius, Gottfried Fischer, Ortrud Gutjahr, Wolfram Mauser und Carl Pietzcker. Würzburg: Verlag Königshausen und Neumann 1995. S. 293.

hervorgezogen werden."[38] Indem sie dem ungefügen, wilden und öden Land eine harmonische Ordnung gibt, verwandelt sie gleichzeitig ihr Inneres in eine ebenso ausgeglichene Harmonie. Dadurch wird die Annährung und schließlich neue Verbindung mit Stephan auch erst möglich. Das Walten in der Natur dient hier gleichsam als Therapie, das Land fungiert gewissermaßen als „Remedium"[39] wie auch Brigittas Sohn Gustav, durch den sie neue Kraft schöpft „Sie begann die Haide um sich zu sehen, und ihr Geist fing an, die Öde rings um sich zu bearbeiten. [...] Diese Seele griff immer weiter um sich, der Himmel des Erschaffens senkte sich in sie; grüne Hügel schwellten sich, Quellen rannen, Reben flüsterten, und in das öde Steinfeld war ein kraftvoll weiterschreitend Heldenlied gedichtet."[40] Die fruchtbare kultivierte Landschaft spiegelt hier demnach eine neue Entwicklungsstufe Brigittas wider, wobei ihre Funktion nicht im Spiegel erschöpft ist, denn sie stellt darüber hinaus auch das Mittel[41] dar, kraft dessen ein neuer Seelenzustand erreicht wird.

Brigitta setzt mittels der Arbeit in der Natur ihre Leidenschaft in produktive Tätigkeit um und erfährt so eine „Desubjektivierung" ihres Ichs[42]. Ihre sich zunächst ziellos zeigende Phantasie und Leidenschaft, mittels welcher sie in ihrer Kindheit eine „phantastisch verstümmelte Welt in ihr Herz hinein brütete"[43], ist nun durch ihre Arbeit und deren Ziel veredelt.[44] Auf diese Weise kompensiert sie ihr Schicksal.

3.2 Stephans Kultivierung nach dem Vorbild Brigittas

Bei Stephan verhält sich die Kultivierung innerer und äußerer Natur ähnlich wie bei Brigitta. Von ihr lernt er Tätigkeit und Wirken in der Natur, wodurch sich auch sein Wesen wandelt. Mit Hilfe der sinnvollen Arbeit in der ihn umgebenden Landschaft und dem „gleichförmig sanften Abfließen"[45] der Arbeitstage auf seinem Gut Uwar kann er seine „zerstörerische" Leidenschaft sublimieren und gleichsam seine Schuld abtragen. Auch die innige

---

[38] Stifter, A.: Brigitta. S. 27.
[39] Begemann, Christian: Natur und Kultur. Überlegungen zu einem durchkreuzten Gegensatz im Werk Adalbert Stifters. In: Adalbert Stifters schrecklich schöne Welt. Beiträge des Internationalen Kolloquiums zur Adalbert Stifter-Ausstellung. Hrsg. von Petra Göllner, Roland Duhamel, Johann Laichinger und Clemens Ruthner. Linz: Adalbert-Stifter-Institut des Landes Oberösterreich 1994. S. 47.
[40] Stifter, A.: Brigitta. S. 51.
[41] Vgl. Begemann, C.: Die Welt der Zeichen. S. 268 . In diesem Text und in Begemann, C.: Natur und Kultur findet sich auch eine interessante Abhandlung über die Zirkularität und die Ambivalenz der Natur als Mittel und Ziel, also über einen entelechetischen Naturbegriff im Hinblick auf Brigitta.
[42] Begemann, C.: Welt der Zeichen. S. 260 – 291.
[43] Stifter, A.: Brigitta. S. 38.
[44] Vgl. Zimmermann, Christian von: „Brigitta" – seelenkundlich gelesen. Zur Verwendung „kalobiotischer" Lebensmaximen Feuchterlebens in Stifters Erzählung. In: Adalbert Stifter. Dichter und Maler, Denkmalpfleger und Schulmann. Neue Zugänge zu seinem Werk. Hrsg. von: Hartmut Laufhütte und Karl Möseneder. Tübingen: Max Niemeyer Verlag 1996. S. 427.
[45] Stifter, A.: Brigitta. S. 28/29.

Gemeinschaft mit seinen Arbeitern unterstützt seine neue positive Entwicklungsstufe. Folglich wird also der Wesenszug Stephans, welcher durch den Vulkan symbolisiert wird, gedämpft. Wie Brigitta steckt er nun auch seine leidenschaftliche Energie in das ungarische Land.

Sowohl die Charaktere als auch die ungarische Pußta entfalten sich also infolge der Kultivierung und blühen auf. Entsumpfung und Straßenbau, also die Rodung des Urwüchsigen, kongruieren mit der Kultivierung der Wüste in Brigitta und des Ursprünglichen in Stephan. Dadurch tritt die Gleichung zwischen der Unfruchtbarkeit der ungarischen Steppe und der Subjektivierung des Menschen sowie zwischen der Fruchtbarkeit und des „guten Wirkens in Familie Betrieb und Vaterland" [46] hervor. Menschliche Seele und Naturlandschaft werden so dicht ineinander verflochten, dass eines als der Spiegel des anderen wirkt.weil die eine Handlung die andere stellvertritt, werden ihre Worte geradezu austauschbar. Ein „gedoppelter Veredelungsprozess"[47] wird in der „Daseinslandschaft"[48] Stifters sichtbar.

Infolge der Kultivierung entsteht ein zwischen dem unbearbeiteten Land und den beiden fruchtbar gemachten Gütern massiver Gegensatz. Allerdings ist dies nicht der einzige in der Novelle, der auch eine tiefere Bedeutung in sich birgt.

4. Die Gegensätze in der Natur als Reflexion der Charaktere und der Handlung

Die gesamte Erzählung ist durchzogen von Polaritäten, welche eine gewichtige Bedeutung innehaben. In der Natur ist die in harte Gegensätze geschiedene Landschaft äußerst augenfällig. Die kultivierte fruchtbare Landschaft hebt sich mit ihren strotzenden Weinbergen, dem „dunklen breiten Blatt", den Pflanzungen, Obstanlagen und eingehegten Wegen, einer „kühlen grünen Frische" gleichend, „wunderbar von dem Steinfelde ab".[49] „Die Pußta ist prachtvoll und öde, feierlich und eintönig, sprechend und schweigsam."[50]

---

[46] Petrikovitz, Gerda von: Zur Entstehung der Novelle „Brigitta". In: Vierteljahresschrift des Adalbert-Stifter-Instituts des Landes Oberösterreich Jahrgang 14. Hrsg. von: Adalbert-Stifter-Institut des Landes Oberösterreich. Linz 1965. S. 94.
[47] Zimmermann, C.: „Brigitta" – seelenkundlich gelesen. S. 428.
[48] Begemann, C.: Welt der Zeichen. S 268.
[49] Stifter, A.: Brigitta. S. 11.
[50] Haußmann, Walter: Adalbert Stifter, Brigitta. In: Der Deutschunterricht. Beiträge zu seiner Praxis und wissenschaftlichen Grundlegung Heft 2. Hrsg. von: Robert Ulshofer. Stuttgart: Verlag von Ernst Klett 1951 (= Deutsche Novellen des 19. Jhdts.) S. 37.

Da, wie bereits angemerkt, die Charaktere die ungarische Pußta in sich tragen, weisen sie auch das Kontrastive dieser Landschaft auf. „Es liegt auf der Hand, wie getreu die Menschen der Pußta das Land und seine Widersprüchlichkeit in sich tragen [...]".[51] Im Hinblick auf Brigitta bildet ihre innere Schönheit und ihre äußere Häßlichkeit die Entsprechung zu dem konträren Landschaftsbild. Somit vergegenwärtigt die kontrastreiche Natur die Polarität von Schein und Sein, also von äußerer und innerer Schönheit. Dabei ist zu beachten, dass die Kontraste, oder auch Grenzen, oft nicht sehr eindeutig sind. So ist Brigitta, trotz ihrer mehrfach erwähnten Unansehnlichkeit, dennoch auch äußerlich schön. Mittels vieler kleiner schöner Einzelzüge, welche Stifter Brigitta im Laufe der Erzählung zuschreibt, hebt er den Kontrast zwischen physischer Häßlichkeit und innerer Schönheit doch wieder teilweise auf. So erscheinen dem Erzähler z. B. im Traum ihre „schönen Augen"[52], oder er bemerkt bei der ersten Begegnung mit Brigitta ihre „sehr schönen Zähne".[53] Auch die Grenzen zwischen Mann und Frau oder Innen und Außen, worauf ich im Folgenden noch eingehen werde, sind nicht scharf gezogen. Dieser Aspekt könnte in dem Bilde der Verschmelzung von Himmel und Erde, welcher sich dem Erzähler auf seiner Reise darbietet, seine Entsprechung haben. In der grenzenlosen öden Steppe kann der Erzähler den Horizont kaum ausmachen: [...]immer gar nichts, als der feine Ring, in dem sich Himmel und Erde küßten [...].[54]

Ähnlich wie Brigitta ist Stephan gekennzeichnet durch Gegensätze, was auch schon durch das kontrastive Bild des Vesuvs vergegenwärtigt wird. Die ihn beschreibenden Attribute „zerstörerisch", „dichterisch" und „einfach"[55] betonen die Dualistik seines Charakters. In der Erzählung selbst stehen sich analog dazu die Kapitel „Steppenwanderung" und „Steppenvergangenheit" gegenüber.[56] Auch die Diskrepanz zwischen der Leidenschaft, und der Arbeit, welche letztendlich durch eine Umpolung aufgehoben wird, erhält durch die kontrastreiche Landschaft eine Konnotation. Darüber hinaus sind auch zwischen den Charakteren Gegensätze zu erkennen. So stellt Gabriele, mit ihrer äußerlichen Schönheit, dem leidenschaftlich ungebändigten und nur vorübergehend Faszinierenden, eine Kontrastfigur zu Brigitta dar.[57] Aber gleichermaßen ist Stephan durch sein attraktives Äußeres und seinem, im Vergleich zu Brigitta eher extrovertierten Wesen, eine polare Gestalt zu ihr. Anzunehmen ist auch, dass die Beziehung zwischen den beiden Hauptfiguren, bevor sie wieder zueinander

---

[51] Vgl.: Ebd.: S. 38.
[52] Stifter, A.: Brigitta. S. 35.
[53] Stifter, A.: Brigitta. S. 11.
[54] Ebd.: S. 5.
[55] Ebd.: S. 7.
[56] Vgl.: Hahn, W.: Zum Konzept der Schönheit: „Brigitta". S. 153.
[57] Vgl.: Wiese, B.: Die Deutsche Novelle. S. 212.

finden, im folgenden Landschaftsbild manifestiert wird: „links fernblaue Häupter [...] die Karphaten, rechts stand zerrissenes Land [...] beide aber vereinigten sich nicht."[58]

Der bedeutsamste Kontrast findet sich jedoch in dem ambivalenten Verhältnis von Idylle und Bedrohung. Die Gefahren der Steppe sollen durch die Mauern von der befriedeten Landschaft ferngehalten werden. Jedoch gelingt dies nicht.

5. Die Leidenschaft in Gestalt der Wölfe als Bedrohung der Idylle

Gegen die Wölfe hat Brigitta eine hohe Mauer um ihren Park, der zuvor ein wilder Eichenwald war, errichten lassen. Nach einer Ausmerzung der letzten Wölfe zog sie Rehe in ihrem Garten auf.[59] Sie hat somit eine klare Grenze gegen die Bedrohung der Natur gezogen. Die Güter Brigittas und Stephans setzen sich wie Inseln deutlich von der Urlandschaft, welcher Gefahr immanent ist, ab. Dennoch brechen die Wölfe, trotz eines harten Winters, in die vermeintlich befriedete Kulturlandschaft ein und greifen Brigittas und Stephans Sohn Gustav an.

Signifikant ist der Schauplatz dieser Szene. Schon im ersten Kapitel „Steppenwanderung" wird uns mittels des Erzählers dieser gespenstisch wirkende Ort vorgestellt. Ein Galgen und eine Todeseiche bilden hier die Grenze zwischen der rohen unkultivierten Natur und den fruchtbar gemachten Gütern. Diesseits der Todeseiche zeigt sich dem Erzähler ein steiniger Pfad mit einem Bach, welcher sich „wie eine tote Schlange" um Binsen „ringelt", während jenseits der Eiche ein gerader weißer Weg mit Pappelallee auf das Anwesen des Majors hinführt.[60] „Wir werden eingestimmt auf das, was wir später erfahren sollen. Mit bloßer Milieuschilderung darf man das nicht verwechseln."[61]

Nicht zufällig greifen die Wölfe genau an dieser Grenze zwischen „locus amoenus", der gestalteten Kulturlandschaft und „locus funestus",[62] dem Ort um den Galgen, an. Der Galgen und die Todeseiche symbolisieren die latent vorhandene Gefahr. Die gesamte Szene, in welcher Stephan seinen Sohn letztendlich vor den Wölfen rettet, ist nun abermals eine Reflexion der Innenhandlung und die Natur, hier in Form der Wölfe, fungiert erneut als Spiegel.

---

[58] Stifter, A.: Brigitta. S. 9.
[59] Stifter, A.: Brigitta S. 53.
[60] Vgl.: Ebd. S. 13/14.
[61] Vgl.: Wiese, B.: Die Deutsche Novelle. S. 199.
[62] Gutjahr, O.: Das sanfte Gesetz als psychohistorische Erzählstrategie. S 295.

Die Wölfe bringen etwas zu Bewußtsein, was dem scheinbar idyllischen und sittlichen Leben in der geordneten kultivierten Landschaft inhärent ist. Sie symbolisieren die Leidenschaft, welche immer noch nicht gebändigt, sondern nur zurückgedrängt worden ist und jederzeit das neue Leben in der erarbeiteten Schönheit gefährden kann. Namentlich ist hier eine negative Form der Leidenschaft[63] verbildlicht, welche auch die Beziehung zwischen Stephan und Brigitta zerstört oder zu Stephans Selbstmordgedanken geführt hat. Die Leidenschaft hier ist gleichzusetzen mit der „tigerartigen Anlage"[64], dem Wölfischen im Menschen, welche man „nur an die Peripherie verdrängt, aber nicht überwunden"[65] hat. „Das Wölfische schlummert allzeit im Menschen, sprungbereit [...]"[66] Bezeichnend ist in diesem Kontext auf welche Weise Stephan agiert: „Der Mann war fast entsetzlich anzuschauen, ohne Rücksicht auf sich, fast selber wie ein Raubtier warf er sich ihnen [den Wölfen] entgegen."[67]

Überdies gleichen die Ausdrücke, welches Stifter hier verwendet, stark dem Wortfeld, welches uns in der Begegnung Murais mit dem „wilde[n] Geschöpf"[68] Gabriele begegnet. Schließlich stellt die Affäre mit Gabriele eine Manifestation dessen dar, was potentiell immer im Major geruht hat und hier nun wieder zum Ausdruck kommt. Diesmal allerdings in Form von leidenschaftlicher Vaterliebe.

Man kann die Leidenschaft zwar in produktive Tätigkeit umsetzen, was sich an der Kultivierung der Natur zeigt, jedoch kann sie nicht völlig unterdrückt werden. Diese erfolglose Verdrängung zeichnet sich gleichermaßen in der sehr leidenschaftlichen Schlußszene ab, in welcher Brigitta ihren „schluchzenden" Mann mit „maßloser Heftigkeit" in die Arme schließt.[69] So wie „in der Natur die Wölfe existieren und einen notwendigen Bestandteil derselben ausmachen, [...] so kann auch die Leidenschaft wohltuend oder zerstörend wirken."[70]

---

[63] Eine Differenzierung hinsichtlich der Leidenschaft findet sich bei: Krökel, Fritz: Die Magie des Schönen und das Erdenglück. Ein Beitrag zur Wesensdeutung Adalbert Stifters. In : Vierteljahresschrift des Adalbert-Stifter-Instituts des Landes Oberösterreich Jahrgang 12, Folge 1/2. Hrsg. von: Adalbert-Stifter-Institut des Landes Oberösterreich. Linz: 1963. S .118/119.
[64] Vgl.: Stifter, Adalbert: Zuversicht. In: Adalbert Stifter. Gesammelte Werke in vierzehn Bänden Band 5. Hrsg. von: Konrad Steffen. Basel u.a.: Birkhäuser Verlag 1964. S. 469. ; Irmscher, H.: Adalbert Stifter. S. 61.
[65] Irmscher, H.: Adalbert Stifter. S. 61
[66] Schwerte, Hans: Stifters Erzählung Brigitta. In: Blätter für den Deutschlehrer 5. Frankfurt am Main u. a.: Verlag Moritz Diesterweg 1961. S. 40.
[67] Stifter, A.: Brigitta. S. 58.
[68] Ebd.: S. 48.
[69] Vgl.: Stifter, A.: Brigitta. S. 62.
[70] Vgl.: Hahn, W.: Zum Konzept der Schönheit: „Brigitta". S. 156.

In diesem Zusammenhang ist es auch nicht verwunderlich, dass gerade Gustav, die Verkörperung der Liebe und inneren Schönheit Brigittas und Stephans, somit ein symbolischer Charakter, Angriffsziel der Wölfe ist.

Folglich reflekiert der Überfall der Wölfe die permanente Gefahr, in Form von zurückgedrängter Leidenschaft, für die von Brigitta und Stephan erschaffene vermeintliche Idylle. Was aus dem neuen Lebenskonzept ausgeschlossen werden sollte, bricht nun doch in das „Paradies" ein, was verdeutlicht, dass die Gefahr nur in einem eng begrenzten Gebiet gebannt, nicht aber aus der Welt geschafft ist.[71]

Die Wolfsszene führt also erneut vor Augen, dass das Menschenschicksal zum Naturgeschehen wird, wobei sich Naturgeschehen und Seelengeschehen „gegenseitig erhellen" und gleichsam das „Eine für das Andere steht".[72]

6. Die Erzählperspektive als Instrument der Landschaftsmetaphorik

6.1 Die subjektive Wahrnehmung des Erzählers

Von gewichtiger Bedeutung für die Landschaftsmetaphorik in „Brigitta" ist die Pespektive, aus welcher uns die Natur geschildert wird, denn erst dadurch erhält sie ihren symbolischen Wert.

„Nicht die Landschaft selbst, sondern ihre Wirkung auf den Menschen wird vergegenwärtigt"[73] Der Leser erfährt die Landschaft nur so, wie sie der Erzähler sieht und empfindet. Die Beschreibung des Raumes ist also stark subjektiviert und an die Perspektive des erlebenden Ichs gebunden. Nur durch die Wahrnehmung des Erzählers wird der Natur auch die handlungs- und menschenbezogene Konnotation zuteil. Denn so wie sie der Erzähler wahrnimmt ist sie, objektiv gesehen, gar nicht vorhanden.

---

[71] Vgl. Hunter-Lougheed, Rosemarie: Adalbert Stifter: Brigitta. In: Romane und Erzählungen zwischen Romantik und Realismus. Neue Interpretationen. Hrsg. von: Paul Michael Lützeler. Stuttgart: Philipp Reclam jun. 1983. S. 375.
[72] Seidler, Herbert: Die Natur in der Dichtung Stifters. In: Studien zu Grillparzer und Stifter. Hrsg. von: Friedbert Aspetsberger und Norbert Griesmayer. Wien: Hermann Böhlaus Nachf. 1970 (= Wiener Arbeiten zur Deutschen Literatur). S. 179.
[73] Werner, T.: Landschaftskunst in Sprache und Malerei. S. 17.

Diese subjektive Vermitteltheit verdeutlicht, dass auch die Funktion des Dargestellten und nicht nur seine Substanz symbolisch sein kann, wodurch die Wahrnehmung gewissermaßen zum Geschehen selbst wird.[74]

6.2 Täuschungen des Landschaftsbildes als Spiegelung von Schein und Sein

Interessant sind in diesem Zusammenhang auch die Täuschungen, welche sich dem Erzähler in dem Bild der ungarischen Steppe darbieten, denn auch sie besitzen eine metaphorische Funktion. So verliert er in der Pußta Ungarns, deren Bild für ihn anfangs noch mit der Landschaft Italiens „zusammenfließt"[75], auf seiner Reise zu dem Gut des Majors durch „die vielen Gesichtstäuschungen dieses Landes"[76] selbst das Bewußtsein für Entfernung. Seine Sinne werden „von der Größe des Bildes" und dem übersättigenden Nichts der Steppe regelrecht verwirrt und „sein Auge begann zu erliegen".[77]

Diese Täuschungen und Trugbilder der ungarischen Steppe kongruieren mit einem der Kerngedanken der gesamten Erzählung, welcher die Diskrepanz zwischen Schein und Sein thematisiert. Denn perspektivenbedingte Wahrnehmungen können auch in der zwischenmenschlichen Wirklichkeit die wahre Gestalt und den wahren Zusammenhang der Dinge verfehlen. Dies stellt ein Hauptthema in „Brigitta" dar, was der erste Satz zu Beginn der Novelle verdeutlicht: „Es gibt oft Dinge und Beziehungen in dem menschlichen Leben, die uns nicht sogleich klar sind und deren Grund wir nicht in Schnelligkeit hervor zu ziehen vermögen."[78] Auch Brigittas äußere Unansehnlichkeit täuscht und verschleiert ihr „schönes" Inneres Wesen. (Wobei, sich hier, wie bereits erwähnt in der Bewertung ihres Äußeren eine Ambivalenz zeigt, da z.B. Brigittas Augen ihre innere Schönheit zweifellos offenbaren.) Die Entwicklung „von der täuschenden äußeren Erscheinung zur Erkenntnis des wahren inneren Wesens lässt sich innerhalb der Geschichte Brigittas und Stephans ebenso verfolgen wie in der gesamten Erzählung, wo sie in der sich ständig vertiefenden Einsicht des Erzählers greifbar wird."[79] Parallel zu den Gesichtstäuschungen der ungarischen Steppe entwickelt sich auch gleichermaßen das „Erkennen" zwischen Brigitta und Stephan.

---

[74] Vgl.: Preisendanz, Wolfgang: Die Erzählfunktion der Naturdarstellung bei Stifter. In: Wirkendes Wort. Deutsches Sprachschaffen in Lehre und Leben.16.Jahrgang. Hrsg. von: August Arnold, Kurt Derleth, Anton J. Gärl und Hugo Moser. Düsseldorf: Pädagogischer Verlag Schwann 1966. S. 409 – 418.
[75] Stifter, A.: Brigitta. S. 8.
[76] Ebd.: S. 9.
[77] Vgl.: Ebd.: S.4/5.
[78] Stifter, A.: Brigitta. S. 1.
[79] Hunter-Lougheed, R.: Adalbert Stifter: Brigitta. S. 358.

Man könnte zu den Gesichtstäuschungen vielleicht auch eine Analogie zu der durch Arbeit vermeintlicht gebändigten Leidenschaft sehen. Denn auch diese Bändigung erweist sich als Trugschluß.

Die Entsprechung zwischen den Täuschungen, welche bei dem Erzähler durch die ihn umgebene Landschaft hervorgerufen werden, und dem übergreifenden Kerngedanken der Erzählung, stellt ein weiters Indiz dafür dar, dass nicht nur die Natur an sich, sondern auch die Wahrnehmung und die Begegnung mit dieser als Spiegel fungiert.

7.Fazit

Folglich ist im Laufe dieser Seminararbeit klar geworden, dass die Metaphorik der Landschaftsbeschreibung bei Stifter gerade auch in seinem Werk „Brigitta", eine gewichtige Rolle spielt, was auch in der Stifter-Forschung intensiv behandelt wurde.

Die zahlreichen Parallelen zwischen der ungarischen Pußta und den Figuren sowie der Handlung sind unübersehbar. Stifters ausführliche Landschaftsschilderung darf nicht einfach als bloßer Lebensraum oder als Affirmation an die Detailmalerei des Biedermeiergenres abgetan werden. Unter der vermeintlich bedeutungsarmen Oberfläche der Naturdarstellung verbirgt sich eine antropomorphe Landschaft[80], welche durch ihre Dynamik jede menschliche Entwicklung und Handlung zu spiegeln vermag. Gleichermaßen reflektieren die Figuren in Brigitta die sie umgebende Natur. Nicht nur die für Stephan und Brigitta aufgezeigten Sinnbilder in der Landschaft oder die synchron verlaufende Kultivierung von innerer und äußerer Natur, sondern auch die kontrastiven Entsprechungen zwischen Natur und Mensch sowie die Analogie hinsichtlich Kernthemen der Erzählung und dem Handlungsraum machen Kritiken, wie die von Friedrich Hebbel, haltlos.

Darüber hinaus möchte Stifter hier auch nicht eine biedere Moral, wie beispielsweise Thomas Bernhard kritisiert, statuieren, was durch die Perspektive des Erzählers vielleicht auf den ersten Blick so erscheinen mag. Mittels der Kommentare des Erzählers zu der Wiedervereinigung Stephans und Brigittas am Ende der Novelle, wird bei dem Leser der Eindruck erweckt, dass nach einer Bändigung der Leidenschaft nun eine sittliche Ehe in Harmonie verwirklicht wurde: "Oh wie heilig, oh wie heilig muß die Gattenliebe sein, und wie arm bist du, der du von ihr bisher nichts erkenntest, und das Herz nur höchstens von der trüben Lohe der Leidenschaft ergreifen ließest."[81]

---

[80] Werner, T. Landschaftskunst in Sprache und Malerei. S. 27.
[81] Stifter, A.: Brigitta. S. 63.

15

Doch von einem „Märchenende" kann hier keineswegs die Rede sein, was der Einbruch der Wölfe in den gesichert menschlichen Bereich gezeigt hat. Die Gefahr bleibt folglich dennoch bestehen. Brigittas und Stephans erneute Ehe ist ein Wagnis[82] und die Leidenschaft bleibt, „sei es zu Leide, sei es zu Jubel, in dieser Liebe untrennbar aufgehoben"[83]

Der Erzähler fungiert hier also nur als Maske, mittels derer Stifter seine Gedanken, welche mit den Biedermeierlichen Richtlinien nicht konform gingen, ausdrücken konnte.[84]

Um den Kern der Novelle Brigitta zu erfassen muß der Leser sich bewußt machen, dass Stifter die Naturbeschreibungen als Spiegel der Menschen und der Handlung dienen. So erkennt man auch, dass Stifter nicht nur die Käfer und die Butterblumen gut gekannt hat.

---

[82] Hunter-Lougheed, R.: Adalbert Stifter: Brigitta. S. 378.
[83] Schwerte, H.: Stifters Erzählung „Brigitta". S. 37.
[84] Vgl.: Doppler, Alfred: Schrecklich schöne Welt? S. 119.

8. Literaturverzeichnis

8.1 Primärliteratur

Bernhard, Thomas: Alte Meister. Frankfurt am Main: Suhrkamp Verlag 1985.

Kunisch, Hermann: Adalbert Stifter. Mensch und Wirklichkeit. Studien zu seinem klassischen Stil. Berlin: Duncher & Humblot 1950.

Hebbel Friedrich: Die alten Naturdichter und die neuen. In: Friedrich Hebbel. Sämtliche Werke. Historisch-kritische Ausgabe. Bd. VI. Hrsg. von: Richard Maria Werner. Berlin: 1902.

Stifter, Adalbert: Brigitta. Stuttgart: Philipp Reclam jun. GmbH & Co. 1994.

8.2 Sekundärliteratur

Baumann, Christiane: Angstbewältigung und „sanftes Gesetz". Adalbert Stifter: Brigitta. In: Deutsche Novellen. Von der Klassik bis zur Gegenwart. Hrsg. von: Winfried Freund. München: Fink 1993.

Begemann, Christian: Die Welt der Zeichen. Stifter-Lektüren. Stuttgart: Metzler 1995.

Begemann, Christian: Natur und Kultur. Überlegungen zu einem durchkreuzten Gegensatz im Werk Adalbert Stifters. In: Adalbert Stifters schrecklich schöne Welt. Beiträge des Internationalen Kolloquiums zur Adalbert Stifter-Ausstellung. Hrsg. von Petra Göllner, Roland Duhamel, Johann Laichinger und Clemens Ruthner. Linz: Adalbert-Stifter-Institut des Landes Oberösterreich 1994.

Doppler, Alfred: Schrecklich schöne Welt? Stifters fragwürdige Analogie von Natur- und Sittengesetz. In: Adalbert Stifters schrecklich schöne Welt. Beiträge des Internationalen Kolloquiums zur Adalbert Stifter-Ausstellung. Hrsg. von Petra Göllner, Roland Duhamel, Johann Laichinger und Clemens Ruthner. Linz: Adalbert-Stifter-Institut des Landes Oberösterreich 1994.

Gutjahr, Ortrud: Das sanfte Gesetz als psychohistorische Erzählstrategie in Adalbert Stifters Brigitta. In: Freiburger literaturpsychologische Gespräche. Psychoanalyse und die Geschichtlichkeit von Texten Bd. 14. Hrsg. von: Johannes Cremerius, Gottfried Fischer, Ortrud Gutjahr, Wolfram Mauser und Carl Pietzcker. Würzburg: Verlag Königshausen und Neumann 1995.

Hahn, Walther: Zu Stifters Konzept der Schönheit: „Brigitta". In: Vierteljahresschrift des Adalbert-Stifter-Instituts des Landes Oberösterreich Jahrgang 19 Folge 3/4. Hrsg. von: Adalbert-Stifter-Institut des Landes Oberösterreich. Linz 1970.

Haußmann, Walter: Adalbert Stifter, Brigitta. In: Der Deutschunterricht. Beiträge zu seiner Praxis und wissenschaftlichen Grundlegung Heft 2. Hrsg. von: Robert Ulshofer. Stuttgart:Verlag von Ernst Klett 1951 (= Deutsche Novellen des 19. Jhdts.).

Hunter-Lougheed, Rosemarie: Adalbert Stifter: Brigitta. In: Romane und Erzählungen zwischen Romantik und Realismus. Neue Interpretationen. Hrsg. von: Paul Michael Lützeler. Stuttgart: Philipp Reclam jun. 1983.

Irmscher, Hans Dietrich: Adalbert Stifter. Wirklichkeitserfahrung und gegenständliche Darstellung. München: Wilhelm Fink Verlag 1971.

Krökel, Fritz: Die Magie des Schönen und das Erdenglück. Ein Beitrag zur Wesensdeutung Adalbert Stifters. In : Vierteljahresschrift des Adalbert-Stifter-Instituts des Landes Oberösterreich Jahrgang 12, Folge 1/2. Hrsg. von: Adalbert-Stifter-Institut des Landes Oberösterreich. Linz 1963.

Lehmann, Jakob: Adalbert Stifter: Brigitta. In: Deutsche Novellen von Goethe bis Walser Bd.1. Hrsg. von Jakob Lehmann. Königstein/Ts.: Scriptor Verlag GmbH 1980.

Mautner, Franz H.: Randbemerkungen zu „Brigitta". In: Adalbert Stifter. Studien und Interpretationen. Gedenkschrift zum 100. Todestage. Hrsg. von Lothar Stiehm. Heidelberg: Lothar Stiehm Verlag GmbH 1968.

Nischik, Traude-Marie: Umhegter Garten und blankes Siegel. Emblematische Bildlichkeit in Adalbert Stifters Erzählungen „Brigitta" und „Das alte Siegel". In: Aurora. Jahrbuch der Eichendorff-Gesellschaft Band 38. Hrsg. von Wolfgang Frühwald, Franz Heiduk und Helmut Koopmann. Würzburg: Eichendorff-Gesellschaft 1978.

Petrikovitz, Gerda von: Zur Entstehung der Novelle „Brigitta". In: Vierteljahresschrift des Adalbert-Stifter-Instituts des Landes Oberösterreich Jahrgang 14. Hrsg. von: Adalbert-Stifter-Institut des Landes Oberösterreich. Linz 1965.

Preisendanz, Wolfgang: Die Erzählfunktion der Naturdarstellung bei Stifter. In: Wirkendes Wort. Deutsches Sprachschaffen in Lehre und Leben.16.Jahrgang. Hrsg. von: August Arnold, Kurt Derleth, Anton J. Gärl und Hugo Moser. Düsseldorf: Pädagogischer Verlag Schwann 1966.

Schwerte, Hans: Stifters Erzählung Brigitta. In: Blätter für den Deutschlehrer 5. Frankfurt am Main u. a.: Verlag Moritz Diesterweg 1961.

Seidler, Herbert: Die Natur in der Dichtung Stifters. In: Studien zu Grillparzer und Stifter. Hrsg. von: Friedbert Aspetsberger und Norbert Griesmayer. Wien: Hermann Böhlaus Nachf. 1970 (= Wiener Arbeiten zur Deutschen Literatur).

Steffen, Konrad: Adalbert Stifter. Deutungen. Basel: Birkhäuser Verlag 1955.

Werner, Thomas: Stifters Landschaftskunst in Sprache und Malerei. Versuch einer wechselseitigen Interpretation in der Novelle „Brigitta". In: Der Deutschunterricht. Beiträge zu seiner wissenschaftlichen Praxis und Grundlegung Heft 8. Hrsg. von Robert Ulshöfer. Stuttgart: Ernst Klett Verlag 1956.

Wiese, Benno von: Die deutsche Novelle von Goethe bis Kafka. Interpretationen I. Düsseldorf: August Babel Verlag 1956.

Zimmermann, Christian von: „Brigitta" – seelenkundlich gelesen. Zur Verwendung „kalobiotischer" Lebensmaximen Feuchterlebens in Stifters Erzählung. In: Adalbert Stifter. Dichter und Maler, Denkmalpfleger und Schulmann. Neue Zugänge zu seinem Werk. Hrsg. von: Hartmut Laufhütte und Karl Möseneder. Tübingen: Max Niemeyer Verlag 1996.